FÉLIX DUBOURG

DROITS DE L'ÉLECTEUR

ET

DEVOIRS DU DÉPUTÉ

ÉDITÉ PAR L'AUTEUR.

Reproduction interdite aux Journaux qui n'ont pas de
traité avec la Société des Gens de Lettres.

BRIVE

IMPRIMERIE M. ROCHE

—

MARS 1875

dominant ainsi les peuples sous leur autorité omnipotente.
Constater cet absolutisme des législateurs anciens, la
vérité historique en faisait un devoir à ces publicistes ;
mais là ne s'est pas bornée leur œuvre. Cette constatation
faite, ils n'ont pas craint de proposer l'imitation de ces
systèmes du passé aux générations modernes ; ils ont
admiré ces sociétés antiques, vanté leur grandeur, leur
dignité, leur moralité. Qui de vous, Messieurs, n'a entendu
glorifier la grandeur romaine, la dignité d'une société dont
les moyens d'existences étaient tirés des rapines, du butin
et du travail des esclaves ? Ils ont ainsi, par une étrange
aberration d'esprit, par un manque inconcevable d'analyse
critique, sur la foi d'un puéril conventionnalisme, placé
leur idéal dans le passé, au lieu de le chercher dans
l'avenir, ne comprenant pas que l'humanité est comme un
homme qui vieillit toujours et qui apprend sans cesse,
qu'elle est perfectible, et que c'est au point de départ que
se trouvent l'ignorance et la superstition, partant les abus
de la force et du despotisme ; que c'est seulement avec
l'aide du temps que la lumière se produit et se propage,
que l'humanité se débarrasse de ses chaînes et reprend
peu à peu possession de la Liberté. Et qu'est-ce que la
Liberté, sinon le droit de faire tout ce qui ne nuit pas à
autrui, le libre développement des facultés de l'individu
dans les limites de la Justice, l'ensemble des libertés ; en
d'autres termes encore, la destruction de tous les despo-
tismes, en y comprenant le despotisme de la Loi, en la
ramenant à sa mission véritable, qui est l'organisation du
Droit, la répression de l'Injustice. Telle est la conclusion
qui se dégage de l'ensemble de ce travail, telle est la
réponse à la question que nous nous sommes posée : quel
est le fondement de la Loi et quelles sont ses limites ? Nous
savons, à cette heure, ce qu'il faut penser de ces formules

si répandues : souveraineté du peuple, souveraineté du législateur, quelle étendue et quelle portée il faut leur assigner. Si l'on veut dire par là que c'est dans la nation que se trouvent le fondement et l'origine des gouvernements, de la puisance publique, nous n'aurons garde d'y contredire, ayant établi et démontré que c'est par la réunion des forces individuelles de légitime défense groupées en faisceau que s'est constituée la force commune remise en dépôt aux gouvernements. Que si, au contraire, donnant à ces formules une signification générale, on entendait faire revivre dans nos sociétés modernes cette funeste et despotique théorie de l'absolutisme, de l'omnipotence du législateur, empruntée aux systèmes de l'Antiquité, il faudrait, Messieurs, protester énergiquement contre une théorie qui, sous le nom spécieux de souveraineté de la Loi, érigerait en principe la tyrannie de la Loi, le despotisme du législateur, non moins redoutable que le despotisme d'un seul, plus redoutable peut-être, parce que la responsabilité d'une assemblée de législateurs étant collective plane au-dessus de tous sans saisir directement personne, et permet ainsi plus facilement les mesures arbitraires et oppressives; nous lui opposerions, dans ce cas, cette autre formule : souveraineté de la Justice, la seule légitime, celle qu'avait entrevue Mirabeau lorsqu'il s'écriait : « Le Droit est le souverain du monde ! » celle qui ressort de cette rapide étude sur la mission de la Loi, et qui se résume ainsi en dernière analyse : La Loi, c'est la Justice, c'est le respect et la garantie de la Liberté et de la Propriété, droits sacrés, inaliénables, antérieurs et supérieurs à la Loi positive et écrite dont la mission unique est de les constater, de les délimiter et de les garantir.

Typographie de L. Favre

DROITS DE L'ÉLECTEUR

ET

DEVOIRS DU DÉPUTÉ

Convaincu que la République avec toutes ses conséquences progressives et toutes ses aspirations aussi sages que légitimes, est, non seulement un gouvernement de raison, et superlativement capable d'assurer et d'éterniser l'ordre *réel*, la paix, la justice, la morale, la liberté, le bien-être et la sécurité du citoyen ; convaincu que c'est aujourd'hui le gouvernement absolument nécessaire, il me semble donc que tout candidat républicain se présentant dorénavant pour la députation, devrait s'engager à combattre, sans relâche, à l'Assemblée nationale par ses votes et par sa parole, toute tentative de retour à une monarchie quel que soit son drapeau. Car, n'ayant jamais été que des dissolvants faits et inventés afin de pouvoir se donner les moyens radicaux de détruire à sa naissance tout germe républicain, quelque honorables que soient leurs vues, les trois principes qui s'obstinent encore à combattre la République en la disant une institution plus que dangereuse, fût-elle même dirigée par les meilleurs esprits, ne risquent-ils pas, comme par le passé, de mettre incessamment en péril, non seulement la tranquillité intérieure dont le pays a un si grand besoin, mais encore nos libertés les plus chères achetées au prix de notre sang, tous les progrès acquis à la science, à la raison et même cette vieille unité française toujours si courageusement défendue par la République contre les insultes et les convoitises de l'étranger? Car, l'histoire à la main, serait-ce donc la République qui en 1814, en 1815 et en 1870, a fourni à l'ennemi l'occasion de venir envahir, outrager le pays, ravager nos villes et nos campagnes et de nous ravir deux provinces!

Pour ces raisons, le candidat devrait donc être prêt à s'engager sérieusement et non point seulement par paroles, à faire respecter le suffrage universel contre toute attaque intéressée; à réclamer, jusqu'à parfaite solution, à la tribune et avec des raisons à l'appui: la séparation de l'Eglise et de l'Etat; l'instruction laïque, gratuite et obligatoire; la réforme de la magistrature devant être amenée à rendre des arrêts et non des services; l'incompatibilité du mandat de député avec toute autre fonction; permanence des rapports du mandataire avec ses électeurs; la mise en discussion de l'impôt unique pris au *prorata* et par tête sur le capital du pays; la restitution au département, à l'arrondissement, au canton et à la commune de tout ce qui est de leur ressort; l'amnistie, le retour de l'Assemblée à Paris et la levée générale de l'état de siège; liberté de la presse, droit de réunion, d'association et l'abolition de tout cumul et de tout népotisme.

Le député devrait aussi s'engager à combattre de toutes ses forces le maintien de tout Conseil supérieur appelé à dominer l'Assemblée nationale l'élue de la nation; c'est-à-dire la consécration d'un tuteur donné au pays dans la personne même de ses représentants naturels et non privilégiés. Car, enfin, si la souveraineté légitime de la nation peut être incessamment soumise à une autorité supérieure à la sienne, devant les pouvoirs léonins que peut s'arroger un tuteur associé, dans son seul intérêt, avec toutes les réactions coalisées, que peut donc devenir cette souveraineté, sinon une souveraineté dérisoire à laquelle les intéressés pourront faire jouer éternellement le rôle assez peu acceptable du soliveau de la fable? Aussi, s'appuyant sur la raison, sur le droit et sur la vérité, 89 a fait *légalement* le peuple souverain, c'est-à-dire l'a rétabli dans son droit primordial et légitime, mais tout en ayant bien soin, dans sa justice, de déverser une part égale de souveraineté sur la tête de chacun, c'est-à-dire sur l'universalité des citoyens. Etait-ce donc là du despotisme et de l'autocratie?

A moins d'abdiquer, la République ne peut donc reconnaître d'autres maîtres que la loi *pour tous* et que cette souveraineté reconnue et affirmée plus ou moins depuis 89 ; car, dégagée de tout lien autocratique et personnel, elle a pour suprême devoir de se gouverner par elle-même, au nom de tous, non point, comme on voudrait bien le faire croire, à l'image d'une machine détraquée, mais par les forces réunies et si puissantes du travail, de la science, du dévouement, de l'abnégation, du patriotisme, du talent, du génie, de l'art pur sous toutes ses formes, de la morale, de la raison et de la vraie liberté, c'est-à-dire la liberté n'admettant que le bien et que le vrai.

Soutenu par de tels appuis, je demande aux esprits les plus prévenus si le pays pourrait jamais tomber, comme on le prétend, « dans les ténèbres, dans le chaos, dans le règne d'un nouveau Néron » et dans ce que certains de nos contradicteurs s'obstinent, depuis si longtemps, à appeler l'anarchie, la démagogie, la radicaille, la perdition et l'abomination de la désolation !

Nos adversaires n'ont cessé· d'affirmer, que comme ils le font pour la monarchie, nous regardons la République comme étant de droit divin. La vérité, c'est que, dans ma pensée, avec la raison et avec le naturel, on ne doit reconnaître· dans le principe républicain que le principe primordial du droit national, c'est-à-dire les droits innés et imprescriptibles du citoyen ; citoyen qui, selon les lois naturelles de la morale, n'a été mis sur la terre que pour y vivre en être libre, en être de pensée et de raison et pour n'avoir à utiliser ses forces et ses facultés si multiples, que pour les faire servir exclusivement à la gloire, au progrès, à la liberté, au respect, à l'honneur, à la dignité, au bien-être général de son pays et non point, comme cela a existé trop longtemps, pour servir exclusivement les fantaisies, les hauts vouloirs et les intérêts égoïstes et particuliers de castes, de sectes, de coteries et d'individualités princières si profondément improductives.

Si, grâce à nos luttes incessantes du mouvement contre les réactions, nous avons noblement acquis le droit d'écrire en tête de nos dernières constitutions : « Au nom de la volonté nationale, » est-ce donc, en vérité, pour avoir à obéir éternellement et passivement à des indécis, à des trembleurs et à une seule volonté ? Est-ce donc, enfin, pour que, grâce à la masse des indifférents, le pays continue à faire si bon marché de ses droits reconnus et déclarés inviolables par tant de constitutions déchirées, il est vrai, au lendemain même de leur hypocrite acceptation ? La nation étant le vrai souverain légitime, en face du suffrage universel, est-il donc bien acceptable de voir poser en loi que, même par des mandataires, on peut s'arroger le droit suprême d'usurpation sur cette souveraineté assise sur le vote de tous ?

Nos honorables contradicteurs s'évertuent à vouloir faire passer à l'état d'infaillible vérité que la République n'a jamais été « que le néant, que le faux, que le mal et que la nouveauté. » Lorsque, en réalité, n'obéissant qu'aux lois naturelles du mouvement qui, loin d'être le néant, n'est que la vie et la marche éternelle vers le progrès, elle n'a jamais cherché ses appuis que dans la vérité, dans le bien, dans la justice, dans le devoir, dans la raison, dans la liberté et que dans les plus anciennes lois de la morale naturelle et universelle, c'est-à-dire dans ces grands principes philosophiques qui s'appellent : la solidarité, la mutualité, l'ordre, le juste, le beau, l'égalité, le naturel, la famille et la propriété, ces immenses conquêtes de notre immortelle Révolution, mère de tous les peuples libres ; car, si ce n'est cette Révolution, si méconnue, qui donc a conduit au triomphe de la raison, de la lumière, de l'égalité, du libre examen et de la liberté pour tous, sur la superstition, le fanatisme, l'obscurantisme, l'inégalité et sur le pouvoir d'un seul ?

Qui donc a aidé la bourgeoisie, souvent ingrate, à conquérir des droits qui, jusque là, lui étaient si complètement inconnus ? Qui donc est la cause que le paysan possède aujourd'hui paisiblement et en toute propriété : sa maison, son champ, sa vigne, ses bestiaux, sa grange, sa basse-cour et sa carriole ? Qui donc a fait qu'il peut voter tout aussi bien que M. le marquis et que M. le comte, devenir conseiller municipal, porter l'écharpe de maire ou d'adjoint et, enfin, que protégé par la loi pour tous, il n'a plus rien à redouter des convoitises de son seigneur sur l'honneur de sa femme et de sa fille ? Peut-on nier, qu'unis à ceux de 1848, ce sont les grands esprits de 89, dont beaucoup trop, hélas ! ne semblent plus être, aujourd'hui, que les fils ingrats !

Avec la République, le paysan peut donc dormir dans la plus entière sécurité ; car, en vérité, l'aurait-elle donc fait ce qu'il est aujourd'hui, pour songer à venir lui ravir indignement des biens et des libertés qu'elle a été si heureuse de partager avec lui ?

A bon droit soupçonneux, si le pays en est arrivé à vouloir exiger aujourd'hui des garanties positives de la part des candidats, c'est-à-dire le mandat impératif que j'expliquerai tout à l'heure et que je voudrais voir accepter sous le nom de mandat défini, c'est qu'il a vu, trop souvent, des candidats qui, sous une étiquette menteuse, cachaient une toute autre opinion que celle qu'ils s'étaient engagés à défendre. Le pays en est donc venu à trouver qu'il était grand temps de faire tomber les masques, afin que chacun sache à qui il a réellement à faire. De là la nécessité de ce mandat protecteur à l'effet de mettre chacun à même de ne plus accepter, les yeux fermés, ces candidats qui, sous leur manteau trompeur, peuvent être, dans leur seul intérêt, et sans trop se faire prier, tout disposés à se rallier à tout autre gouvernement que celui de la République. La loi oblige le républicain à subir un autre régime que le sien, mais il ne peut jamais s'y rallier sans trahir et sans déserter indignement son principe.

Nos adversaires ayant le droit absolu d'en agir de même avec leurs candidats, il doit donc être de toute prudence que les républicains n'admettent que la République *républicaine*, c'est-à-dire composée de principes républicains. Car, enfin, après tant de preuves contraires, peut-il être plus longtemps admissible que trente-six millions de citoyens puissent avoir réellement et absolument besoin d'un homme, quel qu'il soit, pour gérer leurs affaires et pour les préserver d'un péril quelconque? Que l'on cherche à faire entrer cette persuasion dans l'esprit de ceux qui, malgré les leçons de l'histoire, n'ont jamais voulu ni rien voir, ni rien entendre, mais non point dans celui des hommes sur la tête des quels ont passé quatre révolutions si pleines d'enseignements. Sentinelles vigilantes, veillons tous sur le pays et soyez certains qu'il sera bien et honnêtement gardé.

L'homme sans initiative et qui laisse à un autre le soin de gérer ses propres affaires, peut-il donc être autre chose qu'une machine, qu'un instrument passif dont on peut se servir à volonté et que le premier venu pourra toujours faire agir à sa guise? Il en est de même des nations assez oublieuses d'elles mêmes pour remettre la garde de leurs intérêts les plus sacrés entre les mains d'une autre volonté.

Dégagés des liens de ce pouvoir personnel, tous unis dans un seul sentiment de solidarité et n'ayant plus à redouter les désertions, ni à nous préoccuper du soin d'écarter les périls incessants semés sur nos pas, abandonnant la politique, pour ne plus songer qu'aux intérêts généraux du pays, nous pourrons enfin travailler de cœur à la même œuvre et arriver progressivement au suprême couronnement de l'édifice si glorieusement commencé par nos pères et dont la sage édification a été volontairement empêchée jusqu'ici par tant d'esprits de mauvaise volonté!

Nos adversaires ne cessent d'affirmer la stabilité et l'éternité des monarchies; ignorent-ils donc, cependant, que la République seule n'a et n'aura jamais son tombeau nulle part, tandis que les tombeaux d'une innombrable lignée de rois encombrent les caveaux déserts de la vieille basilique de Saint-Denis? Pourquoi? c'est que, comme les peuples, la

République est un être immortel et que qui que ce soit est et sera toujours impuissant à sceller pour l'éternité une pierre sépulcrale sur l'immortelle idée de son principe né avec l'homme.

En présence des compétitions qui entourent encore la République légale, il est donc indispensable de demander aujourd'hui à tout candidat à la députation non point, comme on le prétend, d'avoir à déclarer qu'il n'est ni légitimiste, ni orléaniste, ni bonapartiste, mais bien si dans toute sa liberté et en pleine connaissance de cause, il consent à déclarer, sans la moindre arrière-pensée, que, comme républicain, il s'engage à rester immuablement fidèle à la République et à ne jamais se rallier à aucun autre régime. Je demande si il est possible de poser la question avec une plus honnête franchise ; car, ainsi qu'on voudrait le faire croire, on n'impose ici à qui que ce soit la condition oppressive d'avoir à répudier des principes, des sentiments ou des croyances appartenant de droit à l'individu, on ne demande au candidat, en âge de raison, que d'affirmer et de signer, au besoin, qu'il est et qu'il restera républicain.

En cherchant à se dérober au mandat impératif ou défini, certains candidats ne risquent-ils pas de donner à supposer, qu'une fois nommés, ils se réservent tous les moyens de ne plus en agir que selon leur seule volonté, c'est-à-dire de voter à leur guise, au profit de leur seul intérêt et de faire leurs propres affaires au plus grand détriment des vôtres ? Avec ces candidats qui promettent alors tout ce que l'on veut, sans jamais vouloir s'engager en rien, on risque vraiment trop de se trouver, mais trop tard, dans la malheureuse position d'un créancier auquel tout recours est fermé contre le débiteur qui s'est obstinément refusé à lui donner la garantie de sa signature ?

A l'aide de ce mandat et, malgré bien des calomnies, quelle est donc, en réalité, l'œuvre que poursuit la République radicale, cette nouvelle tête de Méduse ? — On sait que cette épithète toute nouvelle ne lui vient que de ses adversaires qui semblent vouloir faire du mot conservateur leur propriété exclusive. — C'est, tout simplement, de chercher à arriver enfin et rien que par la persuasion, à la solution *légale* de toutes les réformes suivantes, parties intégrantes d'une véritable République : rendre l'Eglise libre dans l'Etat libre, non point, comme on le prétend, dans l'intention de l'asservir, mais seulement afin qu'elle rentre dans le droit commun, dans l'obéissance à la loi et qu'elle reprenne sa liberté première, en restituant la sienne à l'Etat émancipé ; fonder sur des bases inébranlables la République assise sur le respect profond de la morale, de la justice, de la vérité, de la famille et de la propriété ; réunir dans un seul embrassement tous ses enfants n'ayant plus, alors, qu'un bras, qu'un cœur et qu'une pensée; donner à tous, sans exceptions, une seule et même instruction; répandre partout l'enseignement national, c'est-à-dire l'enseignement laïque et si pur de la morale, de la raison, de la justice, de l'amour du pays et de la liberté ; réviser mûrement tous les impôts, afin de les rendre plus faciles et plus doux aux travailleurs de toutes sortes ; enfin augmenter d'une manière sensible et efficace les budgets de l'instruction publique et de l'agriculture, car l'instituteur et l'agriculteur ne sont-ils pas, entre tous, nos véritables pères nourriciers ?

On peut donc voir clairement que l'œuvre réelle de la République à laquelle on s'est plu à donner l'épithète de radicale, prise dans sa plus mauvaise acception, est tout simplement d'arriver enfin le plus promptement possible par le travail, par la science, l'art, le bon goût, les bons exemples, par le beau langage purgé de tout argot, à relever sérieusement le sens moral, les caractères, et à arriver à la véritable grandeur du pays à l'aide des grands sentiments républicains qui ne peuvent qu'élever l'esprit sans jamais l'abaisser. Qui donc, je le demande, pourrait trouver dans ce programme le moindre principe subversif de l'ordre, de la morale, du juste et de l'honnête ?

Quand j'aurai dit bien haut que tout esprit véritablement républicain est et doit être forcément le premier défenseur de la propriété, j'aurai, je crois, répondu, une fois pour toutes, à une calomnie aussi perfide que mensongère et répandue à profusion dans toutes nos campagnes par des adversaires qui nous prêtent, si gratuitement, des principes qui sont si peu les nôtres. De plus, j'aurai affirmé, qu'assise sur les lois de la morale, la République sait, autant que qui que ce soit, respecter et faire respecter le bien de chacun, c'est-à-dire la chose publique. Et, en vérité, devrait-il donc être nécessaire de prouver que celui qui ne possède pas, ne peut-être que l'esclave forcé et avili de celui qui possède ? Afin de se rendre libre, le premier devoir du citoyen est donc d'employer tous ses efforts pour chercher à acquérir par le travail ce quelque chose qui fait non seulement sa liberté, mais sa force et sa dignité.

J'arrive à la question du mandat impératif et je dis : aujourd'hui que le mandat donné au député est presque un cas de vie ou de mort pour la République, n'est-il pas de la plus haute importance de dire et de faire comprendre que le délégué, c'est-à-dire le député, doit absolument cesser de se croire, comme par le passé et en plein suffrage universel, des droits supérieurs à ceux de son délégateur ? Car, enfin, ce délégué qui n'est que le représentant du pays, peut-il donc être autre chose que le gérant responsable de l'électeur, aujourd'hui seul souverain ? Par conséquent, peut-il avoir le moindre droit de se refuser à la plus scrupuleuse surveillance et au contrôle incessant de celui qui lui a confié le mandat de représenter en tout ses opinions et de défendre ses intérêts se confondant avec ceux de la nation tout entière ? Voilà la seule raison d'être de la nécessité de ce mandat, qu'on ne lui cherche donc pas d'autre signification.

On dit que « ce mandat serait une honte imposée au candidat. » Cependant, nos adversaires pourraient-ils nier que, tout en s'indignant si fort contre ce mandat, tous ont le leur dans la poche ? Les légitimistes, le tenant, à la fois, du comte de Chambord et du Vatican ; les orléanistes, du comte de Paris ou du duc d'Aumale et les bonapartistes de l'ex-impératrice et de son fils. Malgré cela, les monarchistes ont-ils donc jamais regardé comme une honte, comme un acte de bassesse et de servilité ces mandats si impérativement et si ostensiblement imposés à leur indépendance ? Pourquoi donc, alors, ce qui est regardé comme si pur, si loyal et si admissible chez nos adversaires, devrait-il être considéré comme si impur, si déloyal et si inadmissible chez les républicains, qui, seuls, ne tiennent leur mandat que du pays en personne ?

Seul, ce mandat ainsi défini peut donc conduire le pays à l'honnêteté politique et à ce grand et moral résultat qui, dans tous les partis, donnera au délégateur les moyens certains de reconnaître les esprits fermes et convaincus et de pouvoir éloigner de la députation les consciences trop élastiques, les ambitieux, les habiles, les indifférents, les transfuges et ces fourbes politiques qui, pour réussir dans leurs machinations, sont toujours si disposés à prendre tous les masques et tous les déguisements.

Les candidats monarchistes se faisant hautement les défenseurs de leur principe, les candidats républicains doivent donc prendre l'engagement formel de ne jamais laisser discuter sans la défendre la légitimité du principe républicain. Pour cela, le député n'aura qu'à s'appuyer sur ces raisons irréfutables : C'est que, sans vouloir se dépouiller de lui-même de sa qualité d'homme, le vrai citoyen ne peut en aucun cas ni abdiquer sa liberté entre les mains d'un autre, ni se vendre à qui que ce soit, comme on fait d'une bête de somme ou d'une marchandise ; c'est que l'institution républicaine qui protège et défend les droits et les intérêts de tous contre l'autocratie de quelques uns, est un gouvernement de raison, de nature, d'égalité, de logique et beaucoup plus rationnellement légitime que tant d'autres légitimités. Car, enfin, je le demande, quel cas pourrait-on faire de la légitimité d'un enfant qui serait incessamment réclamé par trois pères ? N'est-ce point là absolument la situation forcée des trois légitimités actuellement en présence ?

Intéressés à le repousser, certains esprits avancent : « que ce mandat est une marque de défiance et de servilité qu'un homme délicat ne saurait accepter. » Cependant, aux Etats généraux composés de tant de grands esprits, est-ce que ces illustres modèles dont la France s'enorgueillit encore aujourd'hui à si juste titre, ont regardé, alors, comme une injure et, comme une bassesse la franche et loyale acceptation de ce mandat impératif contenu dans tous les cahiers des provinces de l'époque ? Au contraire, c'est à qui s'en montrait le plus fier et le plus honoré. Et, en effet, où peut-on voir la proposition d'un acte de défiance et de servilité dans l'intention si juste et si naturelle que les électeurs de tous les partis ont de tenir à s'assurer par des garanties positives que leurs principes seront, non seulement soutenus, mais obstinément et courageusement défendus?

Bien loin d'être, ainsi qu'on cherche à le faire entendre, l'esclave humilié de ses électeurs, muni de ce mandat et y restant fidèle, le député n'en sera, au contraire, que plus honoré et que plus respecté. D'ailleurs, c'est aux candidats à savoir se faire libres et à n'accepter ce mandat que s'ils jugent que leur conscience leur en fait un devoir. Car, enfin, en leur demandant un engagement formel, est-ce donc dans un souterrain et un poignard sur la gorge qu'on les oblige à le prendre? Non, c'est en pleine lumière, à la face de tous et en pleine liberté d'action. Dès lors, où se trouvent donc, d'aucune part, la violence et la pression? Comme aux temps des Etats généraux, le mandat impératif n'est donc, en réalité, que le rétablissement trop tardif d'un cahier des charges défini et remis par les électeurs au député qui l'accepte, afin d'avoir à chercher à en faire triompher tous les principes à l'Assemblée nationale.

Et que l'on veuille bien remarquer combien ce mandat renferme de garanties pour l'électeur si souvent dupé; car devant ce mandat formel et nettement défini, si le député venait à manquer aux engagements pris par lui à la face de tous, ne se rendrait-il pas ostensiblement coupable d'un véritable et indigne abus de confiance dont les électeurs, — ce qui ne s'est jamais fait jusqu'ici, — auraient alors le droit de lui demander compte? Voilà, ce me semble, pour toutes les opinions, la plus sérieuse, la plus morale garantie contre les transfuges possibles de tous les partis. C'est donc seule-

ment à l'acceptation de ce mandat défini et librement
consenti, que l'on pourra infailliblement reconnaître les esprits fermes, convaincus, désintéressés, ne cherchant aucun
échappatoire et n'ayant qu'un seul souci : l'intérêt général,
l'amour du pays, la durée et la grandeur de la République.

Se faisant l'interprète du parti légitimiste, l'honorable M.
Lucien Brun a dit : « nous voulons nous compter et forcer
les traîtres, — il y en a donc ! — à se découvrir ; il est temps
que nous sachions où sont les royalistes. » Nous réglant sur
cette manière d'agir regardée comme très-loyale chez nos
adversaires, disons donc à notre tour, au jour du scrutin : il
est temps que nous sachions où sont les républicains, non
point ces républicains dont les convictions fondent souvent
comme la neige au soleil, mais les républicains qui n'ont
jamais fléchi, qui ne se sont trompés ni dans leurs prévisions,
ni dans leurs espérances et auxquels aucunes promesses,
aucun changement et aucune tentation ne feront jamais ni
renier, ni trahir la République.

Un assez grand nombre d'électeurs m'ayant souvent ma-
nifesté l'intention de me présenter comme candidat, au jour
d'élections partielles ou générales, si j'étais admis à l'insigne
honneur de les représenter à l'Assemblée et d'avoir à combattre pour le triomphe de leurs opinions, qui ne peuvent
être qu'honnêtes, c'est-à-dire républicaines, ils me connaissent
assez pour être certains que je suivrais en tous points la ligne
de conduite indiquée dans ces quelques pages.

10 février 1875.

FÉLIX DUBOURG,
Électeur de la Corrèze.

Brive, imprimerie M. Roche. — Ms 75.

OUVRAGES POLITIQUES DU MÊME AUTEUR.

—

Asmodée aux Cléricaux, 1 vol. in-8°.

Enfarineurs et Enfarinés (élections de 1869), brochure in-8°.

Les Dieux du jour (satires contemporaines), 1 vol. in-12.

L'Outrage (la guerre de Prusse), en vers, brochure in-8°.

L'Esprit républicain, 2 vol. in-8°.

———

Une Guerre d'Amour, comédie en 5 actes, en vers.

———

A paraître incessamment :

La République à Versailles.

Le Trône et l'Autel.

www.ingramcontent.com/pod-product-compliance
Lightning Source LLC
Chambersburg PA
CBHW060723280326
41933CB00013B/2547